Début d'une série de documents
en couleur

LES

ÉLECTIONS

DANS LES PAYS-BAS

PAR

LEFÈVRE-PONTALIS

MEMBRE DE L'INSTITUT

Extrait de la **Revue Politique et Parlementaire** *(Septembre 1897)*

PARIS

BUREAUX DE LA *REVUE POLITIQUE ET PARLEMENTAIRE*

110, RUE DE L'UNIVERSITÉ

PARIS. — TYP. A. DAVY, 52, RUE MADAME. — *Téléphone*.

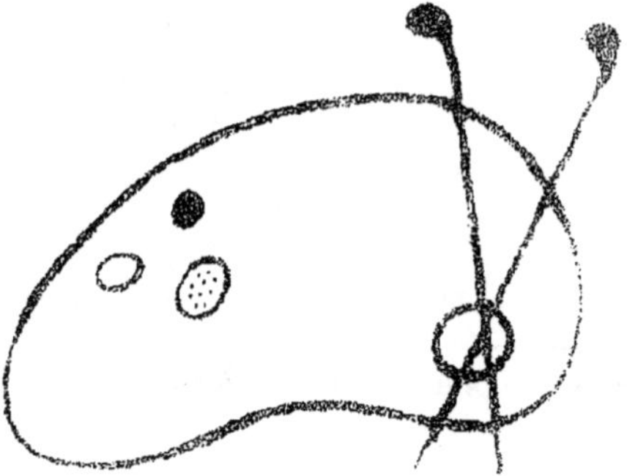

Un d'une série de documents
en couleur

LES

ÉLECTIONS

DANS LES PAYS-BAS

PAR

LEFÈVRE - PONTALIS

MEMBRE DE L'INSTITUT

Extrait de la **Revue Politique et Parlementaire** *(Septembre 1897)*

PARIS

BUREAUX DE LA *REVUE POLITIQUE ET PARLEMENTAIRE*

110, RUE DE L'UNIVERSITÉ.

LES ÉLECTIONS DANS LES PAYS-BAS [1]

Heureux les Pays-Bas ! peut-on dire. Voici un pays, la Néerlande (plus connue sous le nom de Hollande, à raison de la prédominance de cette province), qui a conservé depuis trois cents ans les mêmes institutions et la même dynastie. Affranchi après une lutte héroïque, prolongée pendant quatre-vingts ans, de la domination oppressive de l'Espagne, par les premiers princes d'Orange, il est resté fidèle à toutes les traditions de son histoire. Les élections qui viennent d'y avoir lieu sont celles de la seconde Chambre des États généraux. Héritière des anciens États généraux du xviie siècle, qui se sont associés à la glorieuse conquête de l'indépendance, en brisant le joug de Philippe II et en arrêtant les conquêtes de Louis XIV, elle siège encore dans le même palais, peuplé de tous les souvenirs historiques, celui du Binnenhof, baigné par les eaux dormantes du Vivier auquel la belle avenue du Vijverberg sert de quai, avec ses vieux ombrages. Les sept provinces de l'ancienne république des Provinces-Unies, dont les princes d'Orange n'étaient que les stathouders, sont aujourd'hui les onze provinces du royaume des Pays-Bas (2), et ils en sont devenus les rois ; mais rien n'est changé au fond. Soit qu'il s'agisse de république ou de monarchie, tout reste intact.

La maison d'Orange plane sur tout le passé avec son glorieux prestige. Le monument du premier prince de la famille, Guillaume Ier le Taciturne, qui se voua tout entier à la cause de l'indépendance nationale et en fut le héros ainsi que la victime, en se dressant seul dans la cathédrale de Delft au-dessus des caveaux où reposent les cercueils de ses successeurs, semble les protéger de son ombre. Il n'y eut que de courtes et rares intermittences dans la perpétuité de leurs pouvoirs. La vacance du

<hr>

(1) Voir dans la *Revue des Deux-Mondes*, du 15 mars 1894, le remarquable article de M. Charles Benoist.

(2) Hollande méridionale, Hollande septentrionale, Zélande, Gueldre, Overijssel, Utrecht, Frise, Groningue, Brabant septentrional, Drenthe et Limbourg.

stathoudérat ne donna aux Provinces-Unies qu'un grand homme d'Etat, Jean de Witt, et son abolition en 1793 leur valut, pendant la révolution française ainsi que sous l'empire de Napoléon, le plus humiliant vasselage.

Une fois reconstitué dans de larges limites par son union avec la Belgique, le royaume des Pays-Bas eut à subir, en 1830, la crise du démembrement, mais l'attachement aux princes d'Orange n'en demeura que plus inébranlable. Ce fut, il est vrai. plus ou moins aisément qu'ils se prêtèrent aux exigences du gouvernement constitutionnel, avec les constitutions successives de 1815, de 1840 et de 1848; mais ils ne tentèrent jamais de s'y soustraire. Réduit à survivre à ses deux fils dont la mort semblait dessécher la vieille souche de la maison d'Orange, Guillaume III a pu, sous la régence d'une princesse d'élite, léguer son trône à sa fille qui n'était qu'une enfant de huit ans. Sa majorité fera célébrer l'année prochaine son avènement (qu'on désigne sous le nom « d'inauguration ») par tout un peuple qui l'appelle notre Wilhelmine, parce qu'il incarne en elle ses traditions aussi bien que ses espérances. La fière devise d'autrefois, mise sous la protection du lion néerlandais : *Luctor sed emergo* (Je lutte, mais je surnage), reste l'emblème national.

La constitution du gouvernement néerlandais est aujourd'hui celle du 15 novembre 1887, qui a remplacé, dans des conditions beaucoup plus libérales, la constitution du 14 octobre 1848. Elle est l'œuvre du ministre Heemskerk qui eut le mérite d'attacher son nom à la revision du pacte constitutionnel.

Les États généraux continuent à être divisés en deux assemblées. La première Chambre, composée de cinquante membres, qui n'a aucune initiative en matière législative, peut être dissoute comme la seconde Chambre. Les membres en sont élus pour neuf ans par les États provinciaux, dont les électeurs sont les mêmes que ceux de la Chambre des députés, et sont renouvelables par tiers (1). Pour être éligible, il faut être âgé de trente ans au moins, appartenir à la catégorie des plus hauts

(1) Les électeurs des Etats provinciaux étant les mêmes que ceux de la seconde Chambre des Etats généraux, et les Etats provinciaux n'étant renouvelables que par moitié, il en résulte que la nouvelle loi électorale qui a doublé le nombre des électeurs ne s'appliquera qu'à la moitié des membres des Etats provinciaux rééligible en 1898. Or, les membres des Etats provinciaux devant élire en 1899 le premier tiers des membres de la première Chambre n'auront été réélus pour cette élection que pour moitié, par les nouveaux électeurs.

imposés dont le nombre est fixé à 1 sur 1.500 habitants, ou bien occuper ou avoir occupé l'une des hautes fonctions publiques indiquées par la loi.

La seconde Chambre est élue intégralement tous les quatre ans à une date fixe qui, à moins de dissolution, est celle du premier mardi de juin. Elle est composée de 100 membres pour lesquels l'âge requis est celui de 30 ans. Ils reçoivent une indemnité de 2.000 florins (4.200 francs) (1), indépendamment des frais de voyage et de séjour. Ils sont tenus, ainsi qu'en Angleterre et ailleurs, au vote personnel, sans pouvoir, comme en France, s'en dispenser abusivement par les bulletins remis à des collègues qui font ainsi voter les absents. Ils sont élus uniformément au scrutin uninominal, par circonscription ou district, qui varie d'environ 2.500 à 9.500 électeurs. Le scrutin de liste qui avait été appliqué aux grandes villes a été supprimé par une loi relativement récente (2).

La constitution de 1887 a fait disparaître les entraves de la constitution de 1848 qui exigeait pour les électeurs un cens pouvant s'élever, suivant les provinces, jusqu'à 160 florins de contributions directes, sans pouvoir être inférieur à 20 florins (42 francs). Elle n'a stipulé d'exclusion que pour ceux qui reçoivent des secours d'assistance et n'a prescrit le paiement d'une contribution que dans le cas où la loi électorale ne donnerait qu'aux contribuables la capacité électorale ; elle n'a fixé, dès lors, l'obligation d'aucun cens. La loi électorale du 6 novembre 1887, à laquelle la seconde Chambre n'a donné modestement d'autre titre que celui d'un règlement provisoire, a usé de cette latitude pour abaisser le cens de 20 à 10 florins. Mais, elle est remplacée aujourd'hui par celle du 4 septembre 1896, rédigée en 165 articles élaborés pendant plusieurs années, à travers toutes sortes de péripéties ministérielles et parlementaires. Elle a été, en partie, l'œuvre du dernier ministre de l'Intérieur, M. van Houten, qui l'a fait heureusement aboutir, en portant le nombre des électeurs de 302.020 à 580.000, c'est-à-dire en l'augmentant presque du double.

Une orientation plus ou moins regrettable ou désirable vers le suffrage universel a été ainsi donnée par une évo-

---

(1) La valeur du florin est de 2 fr. 10.
(2) Loi dite : Loi des Villes, 1891.

lution qui n'a rien de révolutionnaire. Néanmoins, le suffrage universel n'obtient pas d'emblée droit de cité. Le nombre des citoyens néerlandais de 25 ans étant de 1.013.000, il en restera encore en dehors du groupe électoral 433.000 qu'on peut, toutefois, n'évaluer qu'à 320.000 ou 300.000. En effet, il faut en déduire ceux à qui la loi retire expressément le droit de vote, tels que les assistés, ceux qui sont atteints d'une incapacité pénale ou civile et les militaires ou marins en activité de service, à l'exception des officiers et des sous-officiers. Cette exception faite en leur faveur les rend, s'ils remplissent les conditions exigées par la loi électorale, aussi bien électeurs qu'éligibles, mais en les mettant, s'ils sont élus, en non-activité. Elle peut avoir le grand dommage de mêler l'armée à la politique, mais elle a, d'autre part, l'avantage de permettre des candidatures aussi compétentes que l'étaient, dans les dernières élections d'Utrecht et de La Haye, celles du général Bergansius, du major van Hoogstraten, du sympathique et distingué capitaine Le Bron de Vexela. Le droit qui est reconnu aux officiers et sous-officiers a d'ailleurs peu d'importance dans un pays où l'armée ne compte que 70.000 hommes.

Les électeurs doivent être âgés d'au moins 25 ans (1). Ils appartiennent à plusieurs catégories, et il serait plus facile d'indiquer qui n'est pas électeur, que de préciser entre quelles catégories les électeurs se répartissent.

La principale, dans laquelle, au moins pour certaines provinces, les trois quarts et ailleurs les neuf dixièmes des électeurs trouvent place, est celle des contribuables plutôt que des censitaires, puisqu'il suffit, pour en faire partie, d'être inscrit au rôle d'une des quatre contributions directes (2) et de les avoir payées avant le 1er mars de chaque année, pourvu qu'en ce qui concerne la contribution foncière, elle ne soit pas inférieure à un florin.

Les autres catégories ne sont pas moins de six. Elles comprennent :

1° Ceux qui, dans la même commune et pendant six mois,

(1) Les 25 ans comptent d'après la loi à partir du 15 mai et, les listes électorales étant closes le 15 avril, l'âge de 25 ans révolus est dès lors l'âge requis.

(2) Les contributions sont celles sur le capital, sur les revenus, sur les patentes, et les contributions personnelles, ayant pour base le prix du loyer, les foyers, le mobilier, les domestiques, les chevaux (loi du 26 avril 1896).

ont habité seuls une maison ou partie d'une maison, pourvu qu'ils n'aient pas déménagé plus d'une fois, et sous la condition d'un prix de loyer hebdomadaire, différant suivant les provinces et communes, indiqué dans un tableau annexé à la loi, et qui varie par semaine d'un minimum de 80 cents (1 fr. 65) à 2 florins 50 cents (5 fr. 25), représentant par an de 84 à 262 francs (1).

2° Ceux qui sont propriétaires ou locataires d'un bateau d'une contenance d'au moins 24 mètres cubes.

3° Ceux qui, pendant plus d'un an, comme fils chez leurs parents, ou comme employés, sont restés au service d'un même patron, pourvu qu'ils s'y soient procuré un émolument ou salaire annuel fixé dans le tableau annexé à la loi, et variant suivant les provinces de 2 fl. 25 à 5 fl. 50 par semaine (577 fr. à 1.155 fr. dans les plus grandes villes) (2).

4° Ceux qui au moins depuis un an jouissent d'une retraite ou pension officielle équivalente à cet émolument ou salaire (3).

5° Ceux qui sont propriétaires, depuis un an, d'une inscription de rente d'au moins 100 florins ou d'un livret de caisse d'épargne d'au moins 50 florins, et qui à ce titre n'ont pas d'impôts à payer.

6° Ceux qui ont obtenu les brevets de capacité pour remplir des fonctions publiques et emplois, ou pour exercer des professions libérales.

En établissant des catégories aussi nombreuses et aussi compliquées, le législateur s'est proposé d'y faire rentrer les pères de famille exempts d'impôt à raison du nombre de leurs enfants, les célibataires habitant des appartements, les ouvriers n'ayant pas de famille et habitant avec d'autres locataires. Il a voulu surtout établir le principe que l'électorat n'est pas un droit acquis, mais un droit à acquérir, sans le faire résulter exclusivement de la qualité de contribuable, mais en y ajoutant les autres garanties d'habitation, d'émoluments ou salaires et de capacité qu'il a tenu à multiplier. Il n'a pas introduit nominalement le

---

(1) *L'année est calculée dans la loi, à raison de cinquante semaines.*

(2) L'estimation de l'émolument ou salaire est faite par le paiement en argent ou par le paiement en nature, avec l'estimation en argent du loyer gratuit et de la nourriture portée au tableau et différant également suivant les provinces et les communes.

(3) Si la pension est inférieure à ce revenu, la différence peut être comblée parce que l'émolument ou salaire y ajoute.

suffrage universel; il a tenu à n'admettre que le suffrage universel justifié.

Les listes électorales sont dressées par les municipalités, avec
le surcroît très onéreux de travail qui résulte des nombreuses
catégories d'électeurs. Les municipalités ont à leur tête un
bourgmestre nommé pour six ans par le gouvernement. Il
donne avis aux électeurs d'avoir à se faire inscrire avant le
15 février. Les contribuables sont inscrits d'office; les autres
électeurs ont à faire leurs justifications, ainsi que les contribuables qui ne sont pas imposés dans la commune où ils habi-
tent. Les déclarations fausses sont punies d'un emprisonnement
pouvant s'élever jusqu'à un an. Les listes sont arrêtées le 22 mars
et closes le 25 avril. Les réclamations sont portées devant les
conseils communaux qui en sont les juges.

Il s'agit maintenant de savoir comment on procède au vote.
Le vote est précédé du jour qu'on appelle le jour de l'élection. Ce
jour, fixé par la loi au premier mardi de juin, est celui des présentations. De neuf heures du matin à quatre heures du soir,
on doit déposer chez le bourgmestre du chef-lieu du district,
selon la formule mise à la disposition des électeurs, les noms
des candidats, sur une feuille signée d'au moins quarante électeurs et dont le bourgmestre donne reçu. Après avoir déclaré
close la liste des présentations, il la fait immédiatement afficher.
Aux dernières élections dans les neuf districts de la ville d'Amsterdam qui n'avaient à élire que neuf députés, le bourgmestre a reçu cinquante-huit déclarations de candidature. Comme
en Belgique et en Angleterre, s'il n'y a qu'un seul candidat présenté, il est proclamé, et l'élection est terminée. Dans
sept districts (1) les candidats ont bénéficié de cette disposition
de la loi.

La présentation des candidats est suivie, au moins trois jours
avant l'élection, de l'envoi des cartes électorales dites cartes de
convocation. Elles doivent être remises aux électeurs au moins
trois jours avant le jour fixé pour le vote. Elles portent au dos
le nom de l'électeur et au revers les noms des candidats qui ont
été présentés, la désignation du lieu du vote et la mention de
l'article 128 du code pénal ainsi conçu : « Celui qui se donne

____

(1) Le Brabant septentrional et le Limbourg, où les catholiques sont les maîtres.

sciemment pour un autre électeur et participe ainsi fraudu-
leusement au vote est puni d'un emprisonnement d'un an au
plus. »

Le vote a lieu réglementairement le troisième mardi de juin,
c'est-à-dire quinze jours après la présentation des candidats. Il
commence à huit heures et finit à cinq heures. Il y est procédé
dans chaque commune, et dans les villes partagées en plusieurs
districts électoraux, dans chaque section de district mise à la
portée des élections de chaque quartier, par groupes de 1.000
électeurs au plus (1).

Les bureaux électoraux sont composés de trois membres auxquels sont adjoints deux suppléants. Ils sont choisis par les conseils communaux. Leur choix doit se porter sur les membres du
conseil que le bourgmestre préside ; mais dans les villes divi-
sées en plusieurs districts et sections de district, le conseil com-
munal peut faire remplacer ses membres par des électeurs (2).
La présidence de chaque section (3) est réservée à un membre
du Conseil, le bourgmestre restant président du bureau central
qui siège à l'Hôtel de Ville.

Chaque bureau procède au dépouillement et au recensement
des votes. Le procès-verbal auquel les bulletins sont joints sous
plis cachetés, avec toutes les pièces annexes, est porté par le plus
jeune membre au bureau central. Celui-ci n'a d'autre mission
que d'additionner le chiffre des votes constatés aux procès-
verbaux et ne peut procéder que par décision motivée à un
nouveau recensement pour tel ou tel bureau. La proclamation
qui doit être faite publiquement par le bourgmestre n'a lieu
que le lendemain matin, à neuf heures. Les réclamations peuvent être faites par les électeurs aussi bien dans le procès-verbal
des différents bureaux de votes que dans le procès-verbal de la
proclamation du résultat de l'élection.

Le vote obligatoire, comme en Belgique, qui était impérieuse-
ment réclamé par les catholiques comme correctif de l'extension
du suffrage, n'a pas trouvé place dans la législation des Pays-Bas.

(1) La ville de La Haye est divisée en 27 districts.
(2) Cette désignation d'électeurs remplaçant les membres du Conseil est vala-
ble pour la durée d'un an, en cas de nouvelles élections.
(3) Les districts sont désignés dans un tableau annexé à la loi électorale. La
division des districts en sections est fixée administrativement après avis des
Etats-députés, ou commission permanente des Etats provinciaux de chaque
province.

Il en résulte de nombreuses abstentions qui, dans les dernières élections, ont représenté plus d'un quart des électeurs (1). Si le vote n'est pas obligatoire, il est au moins facilité. Comme il n'a jamais lieu un dimanche, les chefs d'industrie sont tenus de laisser la liberté à leurs ouvriers, au moins pendant deux heures, avec l'obligation d'afficher dans leurs ateliers les heures dont chaque ouvrier ou chaque groupe d'ouvriers peut disposer.

Un emprunt heureusement fait à la Belgique par la nouvelle loi électorale a été celui du vote par compartiments, tel que la France gagnerait tant à se l'approprier, et tel qu'il est pratiqué également en Angleterre et en Suisse, pour protéger le secret du vote qui autrement peut n'être trop souvent qu'illusoire.

L'électeur présente sa carte électorale (2), portant la signature du bourgmestre du chef-lieu du district, et reçoit un bulletin officiellement timbré à l'avance, le seul qui puisse servir au vote. Ce bulletin porte imprimés par ordre alphabétique les noms des candidats. L'électeur après l'avoir reçu des mains du président du bureau électoral passe seul dans l'un des compartiments de la salle, pour y noircir avec un crayon incassable attaché au pupitre le point blanc laissé dans le carré noir mis en regard du nom du candidat pour lequel il vote. Une fois le bulletin ainsi rempli, il le remet dans l'urne, sans que le président du bureau électoral ait à le prendre en mains. Toute supercherie électorale et toute atteinte à l'indépendance des électeurs sont ainsi évitées.

Le député élu au premier ou au second tour de scrutin doit, dans un délai d'un mois, donner avis de son acceptation au bourgmestre du chef-lieu du district. Autrement il serait considéré comme démissionnaire.

La majorité absolue est exigée pour l'élection. Si elle n'est pas acquise, le ballottage a lieu dans les quinze jours après le premier tour de scrutin, mais il est limité, comme dans la plupart des législations, sauf la nôtre, aux deux candidats qui ont obtenu le plus de voix à la première élection.

(1) Sur 580.000 électeurs réduits à 536.000, à raison des sept districts où la proclamation a remplacé l'élection, le chiffre des votants n'a été que de 411.000, d'où résulte un chiffre d'abstentions de 125.000.

(2) Il peut s'en faire délivrer une par le président du bureau, s'il n'a pas reçu la sienne ou s'il l'a perdue, mais en faisant reconnaître son identité.

Les élections multiples, dont l'interdiction est en France une atteinte au droit des électeurs, laissent au candidat élu dans plusieurs districts la faculté de l'option. Il doit la faire connaître aux bourgmestres des chefs-lieux des districts où il a été élu, dans un délai d'un mois, au-delà duquel il serait considéré comme ayant renoncé à toute élection. La nouvelle élection a lieu quinze jours après l'option.

La Chambre vérifie les pouvoirs de ses membres. A l'ouverture de chaque législature, dès que cinquante membres sont présents, deux commissions ou plus, chacune de trois membres, sont chargées de l'enquête des élections. Les membres en sont désignés avec la plus constante impartialité par le doyen de la Chambre qui fait fonction de président jusqu'à l'élection définitive du président, soumise, sur une liste des trois candidats, au choix royal. S'il y a différence d'opinions, la Chambre, avant tout débat, peut renvoyer le rapport aux cinq sections correspondant à nos bureaux, entre lesquelles elle est divisée par tirage au sort et dont chacune désigne un de ses membres, qui doit faire à la Chambre un rapport par écrit, ainsi qu'il en est d'ailleurs pour tous les projets de loi. Les contestations passent ainsi par toute une filière. D'ailleurs, elles sont si rares qu'aucune ne s'est produite pour les dernières élections. Dans une période de cinquante ans, depuis 1848, il n'y a eu que quatre invalidations d'élections, ce qui est à l'honneur des mœurs électorales des Pays-Bas.

La physionomie extérieure des élections ne prête pas beaucoup à la curiosité et porte presque partout l'empreinte du caractère hollandais aussi rebelle à la contrainte que flegmatique. Nulle part l'ingérence du gouvernement ni d'aucun de ses agents, contre laquelle la loi électorale n'a eu même besoin de rien édicter. La réserve est telle à cet égard, que la présentation d'un candidat signée par un électeur qui avait fait suivre son nom de sa qualité de fonctionnaire a fait scandale. Les fonctionnaires peuvent voter tout à leur aise, mais ils ne doivent intervenir, fut-ce indirectement, en faveur d'aucun candidat.

Les électeurs votent à mesure qu'ils se présentent, avec autant d'ordre que de calme, et avec la plus grande simplicité d'allures, comme s'ils allaient à leurs affaires, et avec un sans gêne tout démocratique. Des garçons pâtissiers qui apportaient leur

repas aux membres d'un bureau électoral, avec leur tablier et
leur béret blancs, ne changeaient pas de vêtement pour venir
prendre part au vote. A Scheveningue, c'est avec leurs sabots
et la pipe à la bouche, que les pêcheurs faisaient acte d'électeurs. Sauf dans de bien rares circonstances où des paysans,
peu instruits, seraient entrés deux à deux, pour se concerter,
dans les compartiments de la salle, s'ils n'avaient pas été avisés
de l'obligation de s'isoler, le nouveau procédé de vote, dont les
électeurs ont fait usage avec la plus parfaite aisance, n'a laissé
rien à désirer.

Aucun luxe d'affiches. Les affiches ne portent en général que
les noms de candidats, avec les recommandations très succintes
de leur comité, et ne peuvent être placardées qu'aux lieux ré-
servés aux autres annonces. De rares distributions d'imprimés
sont faites à la main, et le nom du candidat y est répété à la
suite de chacun des motifs invoqués en faveur de sa candidature. Nulle part aucune distribution de bulletins; la carte portant les noms des candidats remise à chaque électeur par le
président du bureau électoral en tient lieu. C'est donc avec des
frais bien minimes que se couvrent les dépenses d'une élection.

On pourrait, il est vrai, en citer de plus ou moins dispen-
dieuses, comme à Maestricht, où l'on retrouve les mœurs de
la Belgique, et où l'on pouvait voir sur la grande place les électeurs attablés. S'il y en a qui donnent lieu à quelque agitation,
c'est tout à fait exceptionnel, et sans qu'on paraisse s'en douter
dans le plus prochain voisinage. Il en était ainsi à Amsterdam,
dans le district où, au second tour de scrutin, le président de
la seconde Chambre, M. Gleichman, libéral modéré, trouvait un
concurrent dans un libéral beaucoup plus avancé, M. van den
Bergh, soutenu par tous ses coreligionnaires israélites. Les recommandations diverses en faveur des deux candidats étaient
distribuées à profusion aux abords des salles de scrutin; de nombreux groupes d'électeurs y stationnaient. C'était, dans l'intérêt
de la candidature de M. van den Bergh, un va et vient d'agents
allant chercher les électeurs attardés ou douteux et les ramenant
en voitures. Mais aussitôt les premiers résultats de l'élection
connus en faveur de M. Gleichman, la plus parfaite tranquillité
s'est rétablie comme à un signal donné, et l'on ne se serait pas

douté, même dans le district, qu'on venait de nommer un député.

Ce n'est pas que les électeurs néerlandais se désintéressent des élections; mais la vie électorale, qui n'a rien de commun avec l'agitation *électorale*, se concentre surtout dans les comités et trouve avant le jour du vote son expansion dans les réunions.

Les comités ont une puissante organisation, surtout dans le parti catholique. Il est admirablement discipliné, notamment à La Haye, avec son comité central composé de onze membres, ses comités de district, ses commissaires pour chaque quartier et ses commissaires-adjoints pour chaque rue de la ville. L'Union libérale et la Fédération radicale, dont le siège est à Amsterdam, ont partout leur affiliations et leurs ramifications. Les comités ne sont pas seulement constitués en vue des élections; ils se réunissent d'une façon permanente et se recrutent réglementairement. Ils ont leurs programmes soigneusement rédigés et auxquels ils donnent la plus grande diffusion. Ils prennent l'élection à leur compte, en déchargent le plus possible le candidat et ne le réduisent pas à la condition si intolérable en France d'être obligé de pourvoir à tout et de suffire à tout.

Les journaux, très nombreux et très répandus, qu'on évalue environ à cinq cents, viennent utilement en aide aux comités ; mais ils ne se crient pas dans la rue, ils ne s'y vendent pas au numéro et ne sont guère lus que par leurs abonnés. Le ton n'en est passionné que dans les organes socialistes, tels que *la Cloche*, dans la Frise, ou le *Recht voor Allen* (le Droit pour tous), qui paraît à Amsterdam La polémique électorale y trouve certainement sa place, aussi bien dans le *Tijd* (le Temps), principal organe des catholiques, et dans le *Standaard*, fondé par les calvinistes orthodoxes, que dans le *Handelsblad* (Journal du Commerce) et le *Nieuwe Rotterdamsche Courant* (Nouveau Journal de Rotterdam), qui ont leur clientèle libérale. Toutefois, les violences n'y ont que rarement cours, et les attaques dont se plaignent les candidats paraîtraient ailleurs bien anodines. Un pamphlet, signalé à Utrecht à l'indignation publique, qui reprochait aux candidats catholiques d'être les protecteurs des auto-da-fés du xvi° siècle, n'aurait provoqué que le ridicule, s'il n'avait eu pour but de réveiller les vieilles discordes religieuses.

Les réunions électorales ont une action bien plus puissante que les journaux. Elles ne sont jamais contradictoires, ce qui les garantit contre toute turbulence et tout désordre ; mais elles sont très suivies. Elles servent à entretenir le zèle des partisans, aussi bien qu'à ramener les hésitants et les douteux. Elles permettent, en outre, aux candidats de donner leurs explications dans le langage d'affaires qui leur est habituel, et elles font souvent intervenir en leur faveur les chefs de partis, dont les allocutions reproduites par les journaux ou répandues à un grand nombre d'exemplaires sont les meilleurs instruments de propagande. Rien de plus saisissant, par exemple, qu'une des réunions mettant en scène l'un des chefs électoraux le plus en vue, le Dr Kuyper, qui, par ses fondations d'enseignement confessionnel, c'est-à-dire d'enseignement libre, ainsi que par la création d'un cercle ouvrier de 12.000 membres, a donné autour de lui, à Amsterdam, la mesure de sa puissance d'organisation. La réunion était tenue dans le voisinage d'Amsterdam, à Leerdam, devant un auditoire rural d'environ 700 assistants, le soir, en pleine campagne, avec des flambeaux allumés qui éclairaient jusqu'aux troupeaux paissant dans les prairies. Avec ces électeurs, qui commençaient la réunion par la prière, on se serait cru transporté en pleines Cévennes. Le Dr Kuyper avait beau parler au nom du parti qui s'appelle antirévolutionnaire; il avait beau faire le procès à ce qu'on appelle, dans les Pays-Bas aussi bien qu'en Belgique, le libéralisme, en lui reprochant l'indifférence religieuse de ses partisans ; il avait beau, en s'inspirant des traditions bibliques, dénoncer les dangers de l'impiété et réclamer jusqu'au rétablissement de la peine de mort. Il n'en préconisait pas moins une extension encore plus large du suffrage, tout en gardant la réserve sur la loi militaire, par suite de l'engagement pris avec les catholiques de n'y demander aucun changement pendant la nouvelle législature. En outre, il se déclarait le partisan le plus convaincu des réformes sociales, en dépeignant les maux auxquels elles doivent remédier, avec une hardiesse de langage et de pensée qui en faisait le véritable représentant de la démocratie chrétienne.

A côté du pasteur protestant, voici le prêtre catholique, le Dr Schaepman, non moins favorable aux intérêts de la classe ouvrière. Directeur du séminaire de Rijsenburg, dans la pro-

vince d'Utrecht, il a mis en œuvre une merveilleuse puissance
d'action à réorganiser et à reconstituer le parti qui le considère
à bon droit comme son illustre chef. Théologien aussi bien que
tacticien parlementaire hors pair, poète, écrivain et journaliste
de premier ordre, orateur d'élite qui tiendrait la première place
dans toutes les assemblées politiques, il a l'une de ces physiono-
mies qui se gravent ineffaçablement dans le souvenir. Prodigue
de ses allocutions à La Haye et ailleurs, où il s'était fait applau-
dir pour les élections du premier tour de scrutin, il s'est fait
entendre à Utrecht pour les élections de ballottage dans une
salle où plus de 3.000 assistants trouvaient place. Il y venait
patronner les deux candidats, dont l'un était le général Bergansius, ancien ministre de la guerre. On a pu l'entendre aborder
avec autant d'entrain que de compétence les questions auxquelles
l'auditoire pouvait prendre intérêt, les éclaircissant jusque dans
les détails de tarifs et de droits douaniers avec une lucidité qui
les rendait en quelque sorte transparentes, prenant à partie ses
adversaires avec une véhémence qui n'excluait jamais la cour-
toisie. Avec toutes les saillies et tous les élans de l'orateur po-
pulaire, il soulevait l'enthousiasme dans un pays où la froideur
de tempérament ne semble pas pour oir s'acclimater.

Il ne suffit pas de savoir comment les élections sont faites ou
préparées. Il n'importe pas moins de se rendre compte des partis qu'elles mettent en ligne et des résultats auxquels elles
viennent d'aboutir.

Le Dr Schaepman et le Dr Kuyper donnent la direction et
l'impulsion à deux partis qu'on pourrait croire à distance op-
posés l'un à l'autre, mais qui ont fait une étroite alliance.
Ces deux partis, unis en un seul, sont d'une part les catholiques auxquels le clergé donne le plus puissant appui, et d'autre
part les calvinistes orthodoxes qui ont pris le nom d'anti-
révolutionnaires. Ils ont absorbé l'ancien parti conservateur
auquel il ne reste que de rares représentants, dont le baron
Mackay, qui, avant 1891, a été le chef du dernier ministère
de droite. Ils représentent en quelque sorte l'alliance entre Rome
et Genève. Elle a fait désigner le Dr Kuyper comme le pape cal-
viniste et elle a été qualifiée bien injustement de « coalition
monstrueuse ». Elle mérite plutôt d'être considérée comme une
alliance heureuse, puisque, dans l'intérêt de la foi chrétienne,

elle est destinée à sceller l'union des croyants contre les incrédules ou indifférents, en mettant en pratique le mot de l'Evangile : « Il y a plusieurs demeures dans la maison de mon Père. » Le seul ... t qu'elle a, c'est la désignation d'anti-révolutionnaires et d'anti-li... ...x qu'elle donne à ses partisans et qui la fait considérer comme l'alliance des réactionnaires. Elle n'aurait qu'à envier la désignation prise en Autriche par le parti qu'elle représente, celle de chrétiens-sociaux.

Indépendamment de toutes les réformes populaires relatives à l'amélioration morale et matérielle des ouvriers et conformes à l'esprit de l'encyclique pontificale, qui s'y rapporte (1), le programme des deux partis coalisés porte sur les questions scolaires. Il ne se contente pas de ce qu'on appelle dans les Pays-Bas la loi de pacification (2), qui a fait pour les subventions budgétaires un équitable partage, si souhaitable ailleurs, entre les écoles primaires de l'Etat et les écoles confessionnelles. Il demande que les établissements libres de l'enseignement secondaire, appelés gymnases, en profitent, ainsi que les universités libres, telles que l'Université protestante orthodoxe d'Amsterdam. Pour conjurer les périls que, sous prétexte d'une neutralité souvent violée, l'enseignement des universités, avec une incrédulité parfois affichée, fait courir à la foi chrétienne, les deux partis coalisés réclament la création de chaires mises à la disposition du clergé et des associations établies pour favoriser l'enseignement supérieur. Dans les questions financières et économiques, leur programme conclut à l'abolition du paiement des droits de succession en ligne directe et se prononce pour l'application du système protectionniste, fût-il étendu à un droit d'entrée sur les céréales, en vue de favoriser l'agriculture et l'industrie nationales. Il ne donne aucune place à la question militaire ; mais tous ses adhérents, au moins dans le parti catholique, sont les défenseurs du recrutement et s'opposent à l'établissement du service personnel.

A ce programme du parti, que ses adversaires appellent plus ou moins improprement le parti clérical, le parti libéral oppose les services qu'il a rendus par la dernière revision de la Constitution en 1887 et par les réformes financières dont il revendique

____

(1) L'encyclique, *Rerum novarum*.
(2) Elle a été l'œuvre du ministère de M. Mackay.

les mérites, telles que la suppression des taxes sur les objets de consommation et la transformation du système d'impôts, notamment de la contribution personnelle, au profit des classes laborieuses. Dans l'intérêt de la vie à bon marché, il fait du libre échange l'un des articles les plus absolus de son programme. Dans l'intérêt de l'enseignement de l'Etat, il s'oppose à tout nouveau changement des lois scolaires au profit de l'enseignement confessionnel et se prononce pour l'instruction primaire obligatoire. En outre, il se déclare favorable à la suppression du recrutement, afin de donner aux Pays-Bas, avec le service personnel qu'il réclame, l'organisation d'une armée nationale.

La longue possession du pouvoir que le parti libéral a conservée lui donne toute une clientèle d'hommes d'Etat. M. Gleichman, l'éminent président de la Chambre ; M. Roëll et M. van Houten, tous deux ministres du dernier cabinet ; M. Tak van Poolvliet, qui a été le principal promoteur de la réforme électorale, et bien d'autres. Mais il est divisé lui-même en deux groupes, qui dans les dernières élections se sont parfois combattus, les vieux libéraux ou libéraux modérés et les libéraux progressistes ou libéraux de gauche. Au risque de se disloquer, l'Union libérale d'Amsterdam s'est prononcée en faveur des libéraux progressistes pour l'application d'un système qui, avec une nouvelle extension du droit de vote, comprend une série de réformes auxquelles, dans la crainte de ce qu'ils appellent le socialisme d'Etat, les vieux libéraux ne se montrent pas favorables, et qui s'étend de la législation civile à tout le domaine social.

Ce sont là des avances faites aux radicaux qui commencent à surgir, sans avoir jusqu'ici grande influence, malgré les 2.300 membres de leurs associations, répartis entre 34 sociétés. Leur programme ne peut manquer de renchérir sur celui du parti libéral le plus avancé, en demandant une nouvelle révision de la constitution, avec la suppression de la première Chambre, l'application intégrale du suffrage universel, la séparation complète de l'Eglise et de l'Etat, la main-mise de l'Etat sur la bienfaisance et l'assistance publique.

Entre les deux partis qui se disputent le gouvernement et qu'on peut appeler le parti de droite et le parti de gauche, il y en a deux autres avec lesquels il faut également compter, le parti chrétien historique et le parti socialiste. Le premier est celui des calvinistes intransigeants, avec lesquels une fraction des pasteurs protestants a fait passionnément cause commune, et qui est l'adversaire intraitable de toute alliance avec les catholiques. Dénonçant comme un scandale la coalition des calvinistes ortho-doxes et anti-révolutionnaires avec les catholiques, il se prête à un accouplement bien plus étrange, en préférant, avec son faible appoint, faire alliance avec les libéraux, dont il se sépare par toutes ses doctrines et dont il ne se rapproche que par son adhésion au service personnel. Il donne ainsi un démenti au nom qu'il prend et aux principes qu'il invoque.

Enfin, à l'extrême limite du parti radical et comme en dehors des partis constitutionnels, se montre le parti socialiste avec son programme du suffrage universel étendu aux femmes, de l'impôt progressif, de l'attribution des successions en ligne in-directe faite à l'Etat. Son ancien chef, M. Domela Nieuwenhuis, s'est retiré sous sa tente, mais pour laisser place à son ardent successeur, M. Troelstra, qui vient d'avoir en Frise trois élec-tions simultanées. Le parti socialiste supplée au très petit nombre de ses adhérents par une active propagande.

Auquel de ces partis, les élections ont-elles donné la victoire ? On peut dire sûrement à aucun.

Le premier tour de scrutin semblait annoncer avec éclat la vic-toire des deux partis catholiques et protestants coalisés, qui ga-gnaient d'emblée plusieurs sièges, auxquels s'ajoutaient ceux des sept députés nommés par présentation et sans concurrents. Mais le second tour de scrutin, pour lequel il y avait 50 ballottages, c'est-à-dire la moitié des sièges, a donné le plus inattendu des revirements. Les libéraux, en se rapprochant les uns des autres, et en faisant les derniers efforts pour obtenir les voix des chré-tiens historiques, même celles des socialistes, ont regagné ce qu'ils avaient perdu, avec un succès complet dans les grandes villes et une avance marquée en faveur des libéraux progres-sistes. Les résultats acquis, complétés par les élections supplé-mentaires, sont celles de 22 catholiques et de 21 anti-révolu-tionnaires, donnant une cohésion de 43 députés de droite, en regard de 47 libéraux de toutes les nuances, 5 radicaux, 2 chré-tiens historiques et 3 socialistes. La gauche comprend dès lors une majorité de 57 membres, mais il faut reconnaître que cette majorité n'a rien d'homogène et qu'elle aurait besoin, pour rester intacte, de l'appui de toutes les fractions divergentes qui la composent. Il en est résulté un changement du ministère, et le ministère précédent qui était un cabinet mixte, dont deux membres avaient échoué comme candidats, a dû céder la place à un ministère pour lequel la reine régente s'est adressée à M. Pierson. Son nom désigne le cabinet qu'il a constitué, sans être président du Conseil, le Conseil des ministres étant présidé à tour de rôle par chacun d'eux. Président de la Banque néerlandaise, ministre des Finances dans l'un des cabinets précédents, libre-échangiste militant, M. Pierson a choisi ses collègues, notamment le ministre de l'Intérieur, M. Goeman Borgesius, dans le parti libéral progressiste, en laissant aux libéraux modérés, avec M. de Beaufort, aussi distingué par ses travaux de publiciste que par ses mérites d'homme politique, le portefeuille auquel il avait tous les titres, celui des Affaires étrangères.

Les partis restent donc en présence avec des forces à peu près égales. Ils ne peuvent, dès lors, se faire une guerre ouverte ; ils sont tenus de se rapprocher et surtout de se ménager. Si peu nombreux qu'ils soient, les vieux libéraux ou libéraux modérés peuvent empêcher les écarts, tenir la balance et rester maîtres de la situation. D'ailleurs, dans un pays aussi décentralisé, et avec la simplicité de mœurs qui ne donne aux ministres aucune apparence extérieure de pouvoir, la prise de possession du pouvoir n'a pas la même importance qu'ailleurs. Elle n'est pas l'objet de la convoitise des ambitions.

Les peuples, comme on l'a dit souvent, ont le gouvernement qu'ils méritent. Les Pays-Bas ont mérité celui dont ils jouissent. La dynastie de la maison d'Orange qui, depuis le xvi⁰ siècle, personnifie leur histoire, et leur langue qui les isole des autres peuples, sont le plus sûr boulevard de leur nationalité. En même temps, la pratique séculaire de la plus complète liberté politique, sur laquelle la conquête ou l'annexion étrangère ne pourrait avoir prise, achève de garantir leur indépendance.

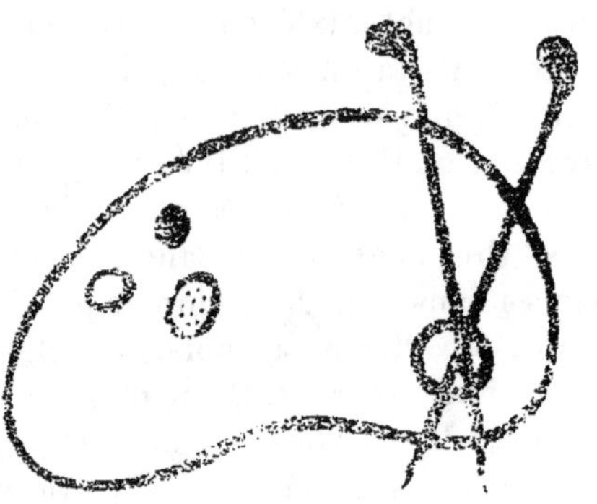

Original en couleur

NF Z 43-120-8